Löwenzahn

Werkstatt für das Lesen- und Schreibenlernen

Schreiblehrgang

Grundschrift

Herausgegeben und erarbeitet von
Jens Hinnrichs.

Mit Illustrationen von
Stefanie Klaßen
und Carmen Hochmann.

Schroedel
westermann

Zu diesem Heft

Wenn die Kinder die unverbundenen Buchstaben der Grundschrift oder Druckschrift gelernt haben, können sie mithilfe dieses Heftes üben, Einzelbuchstaben zu verbinden. Dabei schreibt die Grundschrift keine feststehenden Verbindungen vor, sondern sie zeigt Möglichkeiten auf. Die Kinder probieren aus, wie sie flüssig und schwungvoll schreiben, um daraus eine persönliche Handschrift zu entwickeln. Dieses Heft beinhaltet im ersten Teil **Vorschläge zu einzelnen Verbindungen**. Im zweiten Teil werden **Formalternativen** zu einigen Buchstaben aufgezeigt. Dabei ist die gewählte Reihenfolge nach graphomotorischen Aspekten sortiert.

1 Weiße Verbindungen oder Formalternativen
– nachfahren,
– in den Wörtern ansehen,
– schreiben.

2 Wörter in Grundschrift schreiben, dabei Verbindungen selbstständig ausprobieren.

3 Einzelne Sätze oder Text in Grundschrift schreiben, dabei Verbindungen persönlich entscheiden.

4 Unterschiedliche Verbindungen betrachten, Wörter auswählen und in Grundschrift schreiben, dabei Verbindungen persönlich entscheiden.

5 Die eigene Schrift bewerten.

Inhaltsverzeichnis

Buchstabenübersicht

Aa	Nn
Bb	Oo
Cc	Pp
Dd	Qu qu
Ee	Rr
Ff	Ss
Gg	Tt
Hh	Uu
Ii	Vv
Jj	Ww
Kk	Xx
Ll	Yy
Mm	Zz

Ää

Öö

Üü

Au au

Äu äu

Ch ch

Ei ei

Eu eu

Pf pf

Sch sch

Sp sp

St st

ß

1

le le

Schule Schule

Eule Eule

Brille Brille

lesen lesen

lernen lernen

le le

le le

2

Schule

Eule

Brille

lesen

lernen

3

Der Zwerg möchte lesen lernen.
„Nimm eine Brille", sagt die Eule,
„und gehe in die Schule."

4

leben alle malen Elefant leise Telefon

1

ie ie

Wiese Wiese

die die

Riese Riese

Fliege Fliege

fliegen fliegen

ie ie

ie ie

2

Wiese

die

Riese

Fliege

fliegen

3

4

nie hier Tier wieder Biene spielen

1

te te

Ente Ente

Tüte Tüte

Vater Vater

Futter Futter

Garten Garten

te te

te te

2

Ente

Tüte

Vater

Futter

Garten

3

4

heute bitte Leute raten Sterne Eltern

1

ne ne

Sonne Sonne

Tonne Tonne

Rinne Rinne

Tanne Tanne

Spinne Spinne

ne ne

ne ne

2

Sonne

Tonne

Rinne

Tanne

Spinne

3

Sonne reimt sich auf Tonne.

Spinne reimt sich auf Rinne.

Und worauf reimt sich Tanne?

4

Kanne neu ohne Leine neben Pfanne

1

ei ei

Leiter Leiter

eine eine

leise leise

beide beide

Meise Meise

ei ei

ei ei

2

Leiter

eine

leise

beide

Meise

3

Leif zeigt Meike sein Baumhaus.
Sie steigen beide auf eine Leiter.
„Aber sei leise", sagt Leif.
„Da hat eine Meise ein Nest."

4

Bein klein drei Seil feiern Stein

1

eu eu

Flugzeug Flugzeug

neu neu

heute heute

freuen freuen

Freund Freund

eu eu

eu eu

2

Flugzeug

neu

heute

freuen

Freund

3

Ina ist heute bei ihrem Freund Tom.

Er zeigt ihr sein neues Flugzeug.

Ina freut sich,

weil sie auch steuern darf.

4

euch Feuer Leute teuer Freude treu

1

au au

Maus Maus

auf auf

aus aus

grau grau

Haus Haus

au au

au au

2

Maus

auf

aus

grau

Haus

3

Oben auf der Mauer
liegt der Kater auf der Lauer. Miau!
Doch die kleine graue Maus
kommt nicht aus dem Haus. Miau!

4

Baum blau laut Frau laufen kaufen

1

en en

Regen Regen

holen holen

lachen lachen

spielen spielen

Garten Garten

en en

en en

2

Regen

holen

lachen

spielen

Garten

3

Die Kinder spielen im Garten.

Sie holen den Schlauch und spritzen.

„Kinder, es gibt Regen!“, ruft Mutter.

Da lachen die Kinder.

4

in Kind finden uns und Hund

1

an an

Sand Sand

ganz ganz

Hand Hand

Strand Strand

wandern wandern

an an

an an

2

Sand

ganz

Hand

Strand

wandern

3

Jan hat seinen Papa an der Hand.
Sie wandern am Strand entlang.
„Papa, woher kommt der ganze Sand?"
„Aus dem Ozean", antwortet Papa.

4

am Kamel immer Limo um summen

1

er er

Kinder Kinder

aber aber

Leiter Leiter

Futter Futter

Fenster Fenster

er er

er er

2

Kinder

aber

Leiter

Futter

Fenster

3

4

Pferd der nur Natur wir Zirkus

1

ch ch

Buch Buch

Licht Licht

Nacht Nacht

lachen lachen

machen machen

ch ch

ch ch

2

Buch

Licht

Nacht

lachen

machen

3

Es kracht.

Michel wacht in der Nacht auf.

Er macht das Licht an.

Da muss er lachen.

Sein Buch liegt auf dem Boden.

4

ich auch hoch rechnen Besuch Kuchen

1

ft ft

ruft ruft

oft oft

Luft Luft

wirft wirft

läuft läuft

ft ft

ft ft

2

ruft

oft

Luft

wirft

läuft

3

Merle spielt oft mit ihrem Hund.
Sie wirft den Ball durch die Luft
und ruft: „Bello, such!"
Sofort läuft Bello los.

4

fit finden froh freuen fest fertig

1

Au Au

Auto Auto

Auge Auge

August August

Arm Arm

Arzt Arzt

Au Au

Au Au

2

Auto

Auge

August

Arm

Arzt

3

August hat sich am Auge verletzt.
Mama nimmt ihn in den Arm.
„Wir steigen ins Auto", sagt Mama,
„und fahren zum Arzt."

4

Aufgabe Automat Ausweis Arbeit Artist

1

He He

Hexe Hexe

Hera Hera

Hut Hut

Hilfe Hilfe

Himmel Himmel

He He

He He

2

Hexe

Hera

Hut

Hilfe

Himmel

3

Die kleine Hexe Hera
nimmt ihren Besen
und saust in den Himmel.
Da verliert sie ihren Hut.
„Hilfe, mein Hut!", ruft sie.

4

Hemd Heft Hirsch Herz Hund Hunger

1

Fe Fe

Fest Fest

Fuß Fuß

Fisch Fisch

Frosch Frosch

Freund Freund

Fe Fe

Fe Fe

2

Fest

Fuß

Fisch

Frosch

Freund

3

Die Freunde feiern ein Fest.

Der Pirat tanzt mit dem Frosch.

Der Fisch tanzt mit der Maus.

Da ruft die Maus: „Au, mein Fuß!"

4

Feder Fuchs Film Frau Ferien Futter

1

E Ɛ

Eltern Ɛltern

Eis Ɛis

Erde Ɛrde

Euro Ɛuro

Emma Ɛmma

E E

Ɛ Ɛ

2

Eltern

Eis

Erde

Euro

Emma

3

Die Eltern geben Emma einen Euro,
damit sie sich ein Eis kaufen kann.
Da fällt das Eis auf die Erde.
„Bekomme ich noch einen Euro?"

4

Ente Eule Eier Eimer Esel Elefant

1

l ℓ

Wald Wald

hell hell

laut laut

blitzen blitzen

einmal einmal

l l

ℓ ℓ

2

Wald

hell

laut

blitzen

einmal

3

Nils ist mit seinen Eltern im Wald.

Auf einmal wird es dunkel.

Am Himmel ziehen Wolken auf.

Dann blitzt es hell und donnert laut.

4

leise lesen Esel viel alt Schule

1

k k

Wolke Wolke

dunkel dunkel

können können

klettern klettern

kommen kommen

k k

k k

2

Wolke

dunkel

können

klettern

kommen

3

Inka und Eike sind auf dem Spielplatz.

Eike schaukelt hoch.

Inka kann toll klettern.

Da kommen dunkle Wolken.

Schade!

4

klug kaufen kurz Haken Schaukel klein

1

g g

Vogel Vogel

gehen gehen

Regen Regen

fliegen fliegen

bringen bringen

g g

g g

2

Vogel

gehen

Regen

fliegen

bringen

3

Paul und Erik gehen in den Park.

Ein Vogel bringt gerade Futter zum Nest.

„Ob Vögel auch bei Regen fliegen?", fragt Paul.

„Klar", sagt Erik, „sonst haben die Jungen doch Hunger."

4

gut grün sagen Tag lange singen

1

G g

Geld Geld

Gold Gold

Glück Glück

Gabel Gabel

Garten Garten

G G

g g

2

Geld

Gold

Glück

Gabel

Garten

3

Ina und Gregor sind im Garten.

Da funkelt es im Gras.

„So ein Glück!", ruft Ina.

„Ist das Geld oder Gold?"

Gregor lacht. Es ist eine Gabel.

4

Geschenk Gruß Geburtstag Gras Geist

1

W w

Löwe Löwe

wie wie

wissen wissen

wollen wollen

antworten antworten

W W

w w

2

Löwe

wie

wissen

wollen

antworten

3

Der Löwe ist gefangen.

„Ich werde dich retten", sagt die Maus.

„Aber wie?", will der Löwe wissen.

„Mit meinen Zähnen", antwortet die Maus.

4

wer was Möwe warum werfen zwei

Probiere aus!

Schreibe ganz schnell:

Schreibe ganz ordentlich:

Schreibe ganz groß:

Schreibe ganz klein:

Schreibe so, wie es für dich am besten ist: